Made in the USA
Monee, IL
26 December 2021

?7282412R00068